J'HABITE OÙ? DANS UNE PROVINCE

Un livre de la collection Les racines de Crabtree

ALICIA RODRIGUEZ

CRABTREE
Publishing Company
www.crabtreebooks.com

Soutien de l'école à la maison pour les parents, les gardiens et les enseignants

Ce livre aide les enfants à se développer grâce à la pratique de la lecture. Voici quelques exemples de questions pour aider le lecteur ou la lectrice à développer ses capacités de compréhension. Les suggestions de réponses sont indiquées en rouge.

Avant la lecture

- De quoi ce livre parle-t-il?
    - *Je pense que ce livre explique à quoi ressemble une province.*
    - *Je pense que ce livre parle de ce qu'on retrouve dans une province.*

- Qu'est-ce que je veux apprendre sur ce sujet?
    - *Je veux savoir de quelle taille peut être une province.*
    - *Je veux apprendre qui dirige une province.*

Pendant la lecture

- Je me demande pourquoi...
    - *Je me demande pourquoi une province a son propre drapeau.*
    - *Je me demande pourquoi un pays peut être composé de provinces.*

- Qu'est-ce que j'ai appris jusqu'à présent?
    - *J'ai appris que le premier ministre est le dirigeant d'une province.*
    - *J'ai appris qu'il y a des plages dans certaines provinces.*

Après la lecture

- Nomme quelques détails que tu as retenus.
    - *J'ai appris que les provinces peuvent être de différentes formes et tailles.*
    - *J'ai appris que les provinces ont des dirigeants.*

- Lis le livre à nouveau et cherche les mots de vocabulaire.
    - *Je vois le mot* ***province*** *à la page 3 et le mot* ***drapeau*** *à la page 12. Les autres mots de vocabulaire se trouvent à la page 14.*

Voici ma **province**.

Elle fait partie d'un **pays**.

CANADA
Yukon
Territoires du Nord-Ouest
Nunavut
Terre-Neuve-et-Labrador
Colombie-Britannique
Alberta
Saskatchewan
Manitoba
Ontario
Québec
Île-du-Prince-Édouard
Nouvelle-Écosse
Nouveau-Brunswick

Chaque province
a une **capitale**.

Le **premier ministre** est le dirigeant.

Il y a des **plages** dans certaines provinces.

Il y a des **montagnes** dans certaines provinces.

Toutes les provinces ont un **drapeau**.

Liste de mots

Mots courants

a
certaines
chaque
dans
elle
est
il y a
les
ma
toutes
un
voici

La boîte à mots

capitale

drapeau

montagnes

pays

plages

premier ministre

province

41 mots

Voici ma **province**.

Elle fait partie d'un **pays**.

Chaque province a une **capitale**.

Le **premier ministre** est le dirigeant.

Il y a des **plages** dans certaines provinces.

Il y a des **montagnes** dans certaines provinces.

Toutes les provinces ont un **drapeau**.

Autrice : Alicia Rodriguez
Conception : Rhea Wallace
Développement de la série :
James Earley
Correctrice : Janine Deschenes
Conseils pédagogiques :
Marie Lemke M.Ed.
Traduction : Annie Evearts
Coordinatrice à l'impression :
Katherine Berti

Références photographiques :
Shutterstock : R.M. Nunes : couverture; Darryl Brooks : p. 1; Firefighter Montreal : p. 3, 14; boreala : p. 5, 14; Jeff Whyte : p. 6, 13, 14; Voinau Pavel : p. 9, 14; EB Adventure Photography : p. 10, 14; Pavel Tvrdy : p. 11, 14

Crabtree Publishing Company

www.crabtreebooks.com 1-800-387-7650

Publié aux États-Unis
Crabtree Publishing
347 Fifth Avenue
Suite 1402-145
New York, NY, 10016

Publié au Canada
Crabtree Publishing
616 Welland Ave.
St. Catharines, Ontario
L2M 5V6

Imprimé au Canada/062021/CPC

Catalogage avant publication de Bibliothèque et Archives Canada

Titre: Dans une province / Alicia Rodriguez ; texte français d'Annie Evearts.
Autres titres: Province. Français.
Noms: Rodriguez, Alicia, auteur.
Description: Mention de collection: J'habite où? | Les racines de Crabtree | Traduction de : Province. | Comprend un index.
Identifiants: Canadiana (livre imprimé) 20210282436 | Canadiana (livre numérique) 20210282452 | ISBN 9781039607293 (couverture souple) | ISBN 9781039607354 (HTML) | ISBN 9781039607415 (EPUB) | ISBN 9781039607477 (livre numérique avec narration)
Vedettes-matière: RVM: Canada—Provinces—Ouvrages pour la jeunesse. | RVMGF: Documents pour la jeunesse.
Classification: LCC FC58 .R6414 2022 | CDD j971—dc23